초판 1쇄 발행 2020년 3월 20일 | 초판 5쇄 발행 2025년 1월 27일
글쓴이 안선모 | 그린이 한용욱
펴낸이 홍석 | 이사 홍성우 | 편집부장 이정은 | 편집 조유진 | 디자인 권영은, 김영주
외주디자인 신영미 | 마케팅 이송희, 김민경 | 제작 홍보람 | 관리 최우리, 정원경, 조영행
펴낸곳 도서출판 풀빛 | 등록 1979년 3월 6일 제 2021-000055호
주소 서울특별시 강서구 양천로 583 우림블루나인 A동 21층 2110호
전화 02-363-5995(영업) | 02-362-8900(편집) | 팩스 070-4275-0445
전자우편 kids@pulbit.co.kr | 홈페이지 www.pulbit.co.kr
블로그 blog.naver.com/pulbitbooks | 인스타그램 instagram.com/pulbitkids

ISBN 979-11-6172-204-7 74990
978-89-7474-499-1 (세트)

ⓒ 안선모, 한용욱 2020

*표지와 본문의 태극기는 당시 안중근 의사가 사용한 태극기를 참고하여 그린 것으로, 현재의 태극기와는 차이가 있음을 알립니다.
*책값은 뒤표지에 표시되어 있습니다.
*파본이나 잘못된 책은 구입하신 곳에서 바꿔드립니다.

품명 아동 도서　　　　사용연령 8세 이상
제조국 대한민국　　　제조년월 2025년 1월 27일
제조자명 도서출판 풀빛　연락처 02-363-5995
주소 서울특별시 강서구 양천로 583 우림블루나인 A동 21층 2110호
주의사항 종이에 베이거나 긁히지 않도록 조심하세요.
　　　　책 모서리가 날카로우니 던지거나 떨어뜨리지 마세요.
KC마크는 이 제품이 공통안전기준에 적합하였음을 의미합니다.

저학년 첫 역사 인물 ⑧

조국을 위해 **목숨** 바친
위대한 **독립운동가**

궁금해요, 안중근

안선모 글 | 한용욱 그림

풀빛

작가의 말

"나는 내 조국을 위해
할 일을 했을 뿐이다"

안중근 의사, 그는 본관이 순흥인 순흥 안씨였어요. 본관은 처음 조상이 난 곳을 뜻해요. 예전에는 본관이 어딘지 아는 것을 중요하게 여겼답니다.

본론을 말하자면 저도 순흥 안씨예요. 그래서 어렸을 때부터 "나는 안중근 의사의 후손입니다." 하고 자랑스럽게 얘기하고 다녔지요. 그러나 정작 안중근 의사에 대해서는 잘 알지 못했어요. 그저 1909년 이토 히로부미를 하얼빈 역에서 저격하였다는 것, 그 때문에 머나먼 타국 땅, 차가운 뤼순 감옥에서 돌아가셨다는 정도였지요.

아, 그리고 또 하나 기억하고 있는 게 있어요. 그건 바로 '하루라도 책을 읽지 않으면 입안에 가시가 돋는다.'는 안중근 의사의 유명한 말이에요. 어린 마음에 어떤 뜻인지 정확히 알지 못한 채, 입안에 가시가 돋는 게 무서워 매일매일 책을 열심히 읽어댔지요. 그 덕분에 작가가 되었고요.

어린 시절의 안중근은 고집이 센 아이였어요. 아버지도 안중근의 고집을 꺾지 못했지요. 무예가 뛰어나 말 타고 활 쏘고 사냥을 즐겼던 안중근은 공부를 그다

지 좋아하지는 않았어요. 하지만 나라가 어려울수록 교육이 큰 힘을 발휘한다는 것을 깨닫게 되면서 안중근은 자신의 재산을 모두 털어 학교를 세우는 등 교육에 힘쓰지요.

동양의 평화를 깨뜨리고 우리나라를 집어삼키려는 이토 히로부미를 처단하기 위해 먼 길을 떠났던 안중근. 편안하고 안정된 생활을 버리고 힘한 길을 선택한 안중근.

"나는 내 조국을 위해 할 일을 했을 뿐이다."

이 얼마나 멋진 말인가요? 이 얼마나 당당하고 소신 있는 말인가요?

어지러운 세상에 자신의 길을 묵묵히 걸어간 안중근 의사 같은 분이 바로 영웅이 아닐까요?

어려운 시절, 나라를 위해 온몸과 마음을 바쳤던 안중근 의사를 생각하니 가슴이 찌르르 떨려 옵니다.

책을 사랑하고, 나라를 사랑하는 어린이 여러분!

이 책을 읽으며, 100여 년 전으로 돌아가 보아요.

어린 시절의 안중근이 되어 활쏘기도 해 보고, 말 타고 사냥도 해 보아요. 그러면서 안중근이 중요하게 생각했던 게 무엇일까 한번 생각해 볼까요?

안선모

차례

작가의 말	4
내 이름은 안응칠	8
청계동의 개구쟁이	20
명포수로 이름을 날리다	30
도마 안중근	42
강제로 맺은 을사늑약	52

러시아에서 의병 부대를 이끌다   64

열두 명의 동지들, 거사를 모의하다   76

하얼빈의 총소리   84

날치기 재판   92

영웅의 죽음   100

📖 내 이름은 안응칠

1879년, 황해도 해주 수양산 아래에서 한 남자아이가 태어났습니다. 대대로 양반 집안인데다 해주에서 알아주는 부잣집이었습니다.

"아기의 가슴과 배에 점이 있어요."

아기의 어머니가 신기한 듯 점을 세어 보았습니다.

"하나, 둘, 셋, 넷…… 모두 일곱 개나 되어요."

소식을 듣고 달려온 할아버지가 일곱 개의 검은 점을 신기한 듯 바라보았습니다.

"이 아이는 북두칠성의 기운을 받아 태어났으니 장차 큰 인물이 될 것 같구나. 응할 응, 북두칠성의 일곱 칠을 써서 응칠이라고 부르면 되겠다."

걸음마를 떼기 시작하면서부터 응칠이는 이곳저곳 안 가는 곳이 없었습니다.

어느 날, 응칠이는 어디선가 나는 소리에 귀를 기울였습니다. 응칠이는 소리를 따라 거침없이 나아갔습니다. 소리는 서당에서 흘러나오고 있었습니다.

응칠이는 거리낌 없이 서당으로 들어가 맨 앞줄에 철퍼덕 앉았습니다.

"너는 아직 서당에 올 나이가 아니야."

옆에 앉아 있던 아이가 소곤거렸습니다. 응칠이가 활짝 웃자 이번에는 뒤에 앉아 있던 아이가 물었습니다.

"너 이름이 뭐니?"

"내 이름은 안응칠!"

응칠이가 큰 소리로 대답하자, 다른 아이들이 깜짝 놀라 훈장님을 쳐다보았습니다. 훈장님은 못 들은 척 눈을 감고 있었습니다.

"응칠아, 너 몇 살이야?"

다른 아이가 묻자 응칠이는 자랑스럽게 손가락 네 개를 펼쳐 보였습니다.

"어허, 이게 웬 소란이냐?"

훈장님의 호령에 아이들이 얼른 자세를 고쳐 앉더니 천자문을 크게 읽었습니다.

잠시 후, 응칠이가 천자문을 줄줄 읽어댔습니다.

"천자문을 배운 적도 없는데 어떻게 읽을 수가 있지?"

아이들이 놀라 웅성거렸습니다.

훈장님도 놀란 얼굴로 응칠이를 쳐다보았습니다.

"어험! 네가 바로 신동이구나, 신동!"

훈장님의 말에 응칠이가 벌떡 일어나 제 가슴을 쿵쿵 치며 말했습니다.

"아이고, 답답해라. 훈장님, 제 이름은 신동이 아니고요, 안응칠이라고요."

"허허, 녀석. 당차기도 하구나. 신동은 여러 가지 재주와 지혜가 남달리 뛰어난 아이를 말하는 거란다."

훈장님이 기특하다는 듯 응칠에게 다가와 머리를 쓰다듬어 주었습니다. 그러고는 엿 한 가락을 선물로 주었습니다.

서당에서 나온 응칠은 가장 먼저 할아버지에게 달려갔습니다.

"할아버지, 이 엿 좀 맛보셔요."

할아버지는 응칠이를 보며 감격스러워 말했습니다.

"먹고 싶은 걸 어찌 참았을꼬? 할아버지를 가장 먼저 생각해 주는 내 손자."

"할아버지도 항상 저를 먼저 생각해 주시잖아요. 그런데 할아버지, 저는 누굴 닮아 이렇게 똑똑하지요?"

어린 응칠의 말에 할아버지가 미소를 지으며 대답했습니다.

"그야 네 아비를 닮아 그렇지. 네 아비도 어렸을 때 신동이라 불렸단다."

응칠은 할아버지의 사랑을 듬뿍 받았습니다. 응칠은 고집이 세서 어른들에게 꾸지람을 들을 때가 많았습니다. 하지만 할아버지는 언제나 응칠이 편에서 생각하고 응칠이의 생각을 존중해 주었습니다. 아무리 엉뚱한 일을 해도 그렇게 한 까닭이 있을 거라면서 편을 들어 주었습니다.

당시 나라는 안팎으로 몹시 어지러웠습니다. 이웃 나라 일본을 비롯하여, 미국, 프랑스, 러시아 등은 걸핏하면 국교를 맺자고 군

함을 몰고 들어왔습니다. 그러나 임금인 고종을 대신해서 나라를 다스리던 흥선 대원군은 강대국의 청을 거절했습니다.

하지만 응칠의 아버지 안태훈의 생각은 달랐습니다.

'나라가 강해지려면 다른 나라와 많은 교류를 해야 하는데.'

그때 박영효라는 사람이 청년 개혁파로 나랏일을 하고 있었습니다. 박영효는 정부를 혁신하고 국민들에게 선진 문물을 알리고자 뛰어난 학생 70명을 뽑아 외국으로 유학시키려 했습니다. 안태훈도 유학생으로 뽑혀 한성에 머물고 있었습니다.

"아버지는 언제 오시지요? 아버지가 보고 싶어요."

응칠은 텅 빈 아버지의 방을 쳐다보며 말했습니다.

"아버지는 이제 곧 일본으로 공부하러 떠나실 게다. 그러면 아주 오랫동안 뵙지 못할 텐데."

어머니의 말에 응칠이가 시무룩한 얼굴로 고개를 숙였습니다.

하지만 안타깝게도 아버지의 꿈은 이루어지지 못했습니다. 개화파가 정치 개혁을 시도했다가 청나라의 간섭으로 실패했기 때문이었습니다. 청나라는 개화파 사람들을 잡아들여 죽이거나 귀양을 보냈습니다. 아버지는 간신히 몸을 피해 고향으로 돌아왔습니다.

응칠은 분위기를 살피며 어른들의 말에 귀를 기울였습니다.

"여기서도 안심할 수 없을 게다. 언제 들이닥칠지 알 수 없으니 무슨 수를 써야겠다."

할아버지가 심각한 얼굴로 말했습니다.

"나랏일이 잘못되어 가니 조용히 사는 수밖에 없을 듯합니다. 일단 살아야 무슨 일을 해도 할 테니까요."

아버지의 말에 할아버지가 결심한 듯 고개를 끄덕였습니다.

"그래, 살고자 하면 산다. 일찌감치 깊은 산으로 들어가 살자. 밭 갈고 고기 낚으면서 사는 것도 좋겠지."

할아버지와 아버지는 그때부터 집안 살림을 정리하기 시작했습니다.

 청계동의 개구쟁이

응칠이가 일곱 살이 되던 해, 응칠이네 가족 70여 명은 해주에서 멀리 떨어진 청계동으로 이사를 갔습니다. 청계동은 산이 험하고 골짜기도 깊어 산짐승의 울음소리가 끊이지 않았습니다. 그러나 논밭이 제대로 갖추어져 있고 경치가 아름다웠습니다.

천봉산에서 흘러내리는 물이 마을을 돌아 흐르고, 물이 풍족하여 농사짓기에도 알맞았습니다.
응칠이는 날마다 마을 아이들과 어울려 노느라 시간 가는 줄 몰랐습니다. 전쟁놀이도 하고, 사냥 놀이도 했습니다.
"누구 활 솜씨가 최고인지 시합해 볼까?"
응칠이가 커다란 감나무를 가리켰습니다.

꼭대기에 빈 까치집이 덩그러니 남아 있는 게 보였습니다.
"한 사람이 두 번씩 쏘는 게 어때?"
을칠이의 말에 동갑내기 담덕이가 자신 있다는 듯 대답했습니다.
"좋아! 가위바위보를 해서 차례를 정하자."
담덕이는 첫 번째, 을칠이는 맨 꼴찌가 되었습니다.
담덕이가 까치집을 향해 활을 쏘았습니다.

휙!

담덕이가 쏜 화살이 감나무 꼭대기를 향해 날아갔습니다. 그러나 화살은 꼭대기에 닿지도 못한 채 고꾸라지듯 떨어졌습니다. 두 번째도 역시 마찬가지였습니다.

"에이, 보기에는 쉬울 것 같은데 생각보다 어렵네."

담덕이가 아쉬운 듯 까치집을 바라보았습니다. 다음 아이도, 또 다음 아이도 활을 쏘았지만 역시 마찬가지였습니다.

드디어 마지막 웅칠이의 차례가 되었습니다.

웅칠이는 까치집을 한참 노려보더니 활을 겨누었습니다. 그러고는 힘차게 활시위를 당겼습니다.

휙!

첫 번째 화살이 바람 소리를 내며 날아갔습니다. 화살은 까치집에 정확하게 꽂혔습니다.

"우와, 응칠이가 한 방에 맞혔다."

아이들이 놀라 입을 쩍 벌리며 말했습니다.

두 번째 활을 겨누며 응칠이가 말했습니다.

"두 번째로 또 맞히면 까치집이 부서질 테니까 이번에는 까치집 위로 화살을 날릴게."

"뭐라고? 그건 더 어려울 텐데."

응칠이가 씩 웃으며 두 번째 활시위를 당겼습니다.

휙!

아이들은 목을 한껏 뒤로 젖히고 화살이 날아간 쪽을 바라보았습니다. 응칠이가 쏜 화살은 빈 까치집 위를 스치듯 날아갔습니다.

"정말 대단하다!"

"응칠아, 저건 어른들도 맞히기 어려운 거리야. 어린아이가 어째 그렇게 힘이 세냐?"

아이들이 응칠이를 빙 둘러쌌습니다.

응칠이는 어깨를 으쓱하며 말했습니다.

"이 정도야 뭐. 나는 활쏘기를 정말 좋아하거든!"

그때 아랫마을 아저씨와 아주머니가 헐레벌떡 달려왔습니다.

"이게 무슨 짓이냐? 화살을 날려 남의 장독을 깨뜨리다니!"

아이들은 영문을 몰라 서로 마주 보았습니다. 그러자 아저씨가 들고 온 화살 하나를 내밀었습니다.

"이 화살의 주인이 누구냐?"

화살을 본 응칠이가 얼른 앞으로 나섰습니다.

"아저씨, 그건 제가 쏜 화살이에요."

"정말로 네 화살이 맞단 말이냐? 도저히 믿을 수 없어서 그런다."

아저씨는 웅칠이를 한 번 바라보고 화살이 날아간 쪽을 다시 한번 바라보았습니다.

"사람이 다치지 않아서 정말 다행이다. 하지만 우리 장독이 깨졌으니 이 일을 어쩌면 좋단 말이냐?"

아저씨는 그 사이 화가 가라앉아 목소리가 한결 차분해졌습니다.

하지만 함께 온 아주머니는 화가 풀리지 않았는지 벌게진 얼굴로 말했습니다.

"다시는 그러지 않도록 따끔하게 혼을 내야 해요."

그 말에 응칠이는 고개를 푹 숙였습니다.

"부모님께 말씀드려서 장독 값은 물어 드릴게요. 제가 일부러 그런 게 아니니 화를 푸십시오."

응칠이는 걸핏하면 활을 쏘아 남의 집 장독을 깨뜨렸습니다. 때로는 응칠이가 쏜 화살에 닭이나 개가 잘못 맞은 적도 있었습니다.

그럴 때마다 응칠이 아버지와 어머니는 피해를 입은 집에 찾아가 머리를 조아리며 사과를 하고 배상을 하곤 했습니다.

"에구, 활쏘기에 푹 빠져서 날이면 날마다 활을 쏘고 다니는구나. 청계동 최고의 개구쟁이가 바로 안응칠이로구나."

아버지와 어머니는 고개를 살래살래 흔들었습니다.

"허허, 응칠이 활 솜씨가 나날이 늘어 가고 있구나. 곧 천하제일 궁사(활을 쏘는 사람)가 되겠어."

할아버지는 손자가 대견하여 크게 웃었습니다.

 명포수로 이름을 날리다

어느 날, 아버지가 작정한 듯 응칠이를 불러들였습니다.
"너는 앞으로 무엇이 될 테냐?"
아버지의 물음에 응칠이는 머뭇거렸습니다.
"사냥꾼이 되려고 날마다 활쏘기를 하고 칼싸움을 하는 것이냐? 정녕 사냥꾼이 되고 싶은 게냐?"
응칠이는 아버지의 말뜻을 알아듣고 얼른 대답했습니다.
"이제부터 공부를 열심히 하겠습니다. 하지만 활쏘기와 칼싸움도 계속하게 허락해 주십시오."
"뭐라고? 그건 왜?"
"지금 세계의 힘센 나라들이 우리나라를 삼키려고

날뛰고 있습니다. 그런 나라들을 이기려면 공부를 해서 세상의 이치를 깨달아야 하지요. 그런데 그것도 중요하지만 그들과 싸워 이기려면 무예도 닦아야 한다고 생각합니다."

"그래, 네 말도 옳다. 하지만 무예를 닦더라도 공부를 게을리해서는 안 되느니라."

응칠이는 그날부터 아버지에게 열심히 글을 배웠습니다. 하지만 혼자 배우려니 답답하고 지루했습니다. 그 모습을 본 아버지는 집에 서당을 열었습니다. 마을 아이들이 모두 모여 응칠이네 집에서 글공부를 시작했습니다.

응칠이네 집에는 사냥꾼들이 자주 머물렀습니다. 그래서 응칠이는 사냥꾼들에게 말 타는 법을 배웠습니다.

"아버지, 총 쏘는 법을 배우고 싶습니다."

"안 된다. 넌 너무 어려. 잘못해서 다치기라도 하면 어쩌려고 그러느냐?"

 그러나 응칠이는 총 쏘는 법을 가르쳐 달라고 아버지를 볼 때마다 떼를 썼습니다.
 "누굴 닮아 저렇게 고집이 셀까? 보통 고집이 아니야."
 아버지는 응칠이의 뒷모습을 보며 고개를 설레설레 저었습니다. 응칠이의 끈질긴 부탁에 결국 아버지도 허락하였습니다.
 "어려서부터 한번 시작한 일은 끝까지 해내니."
 귀를 울리는 총소리를 듣고 화약 냄새를 맡으며 응칠이는 매일매일 총 쏘는 연습을 했습니다.

열두 살이 되었을 때는 말을 타고 달리며 하늘을 나는 새도 쏘아 떨어뜨렸습니다. 이런 소문은 이웃 마을에까지 퍼졌습니다.

"응칠이를 보러 왔습니다. 활쏘기, 총 쏘기 솜씨가 대단하다면서요?"

응칠이를 보러 하나둘 사람들이 오더니, 나중에는 황해도에서 몰려든 사냥꾼들로 붐볐습니다.

어느 겨울날, 한 무리의 포수들이 사냥을 떠난다는 소식이 들려왔습니다.

"아버지, 사냥꾼들을 따라 멧돼지 사냥을 하고 오겠습니다."

"아직 어린 네가 총을 들고 험한 산으로 사냥을 가는 것은 위험한 일이다. 좀 더 크면 하거라."

"나이가 어리다고 사냥을 못 하는 건 아닙니다. 아버지도 제 실력을 아시지 않습니까?"

아버지는 응칠이의 고집을 꺾지 못했습니다. 아버지의 허락이 떨어지자 응칠이는 포수들에게 달려갔습니다.

"네가 우리를 따라가겠다고? 우리는 지금 구월산으로 가려고 하는데……."

"구월산은 황해도에서 가장 높고 험한 산이란다. 조금 더 크면 가는 게 어떻겠니?"

"저도 큼직한 멧돼지나 호랑이를 잡을 자신이 있습니다."

응칠이의 고집은 누구도 꺾을 수 없었습니다.

응칠이는 총을 메고 앞장서서 산에 올랐습니다. 구월산은 하얀 눈으로 덮여 있었습니다. 응칠이는 날렵하고 빨라 도리어 다른 포수들이 그 뒤를 허둥지둥 따라갔습니다.

탕! 타당!

　멀리서 총소리가 나자 산 위에서 커다란 눈 더미가 굴러 내려왔습니다.

"저게 뭐지?"

포수들이 놀라 소리쳤습니다.

'총소리에 놀란 멧돼지가 눈을 흠뻑 뒤집어쓴 채 굴러 내려오고 있어.'

　응칠이는 그쪽을 향해 잽싸게 총을 쏘았습니다. 멧돼지는 그 자리에 쓰러져 눈 속에 파묻혔습니다.

　응칠이의 사냥 솜씨를 본 다른 포수들은 모두 혀를 내둘렀습니다.

　그때, 산등성이에서 다른 포수들이 몰려왔습니다. 그들은 숨을 헐떡이며 물었습니다.

"혹시 멧돼지 한 마리가 달아나는 걸 못 보았소?"

그 말에 모두 함께 멧돼지가 쓰러진 곳으로 올라가 눈 더미를 헤쳤습니다.

"이건 바로 내가 쏜 멧돼지이다!"

산등성이에서 넘어온 포수 중 한 사람이 어깨를 으쓱하며 말했습니다.

"무슨 말씀이오? 이건 우리 응칠이가 쏘아 맞힌 건데."

한 포수가 응칠이를 가리키며 말하자, 산등성이에서 넘어온 포수들이 어이없다는 듯 웃었습니다.

"하하하! 무슨 농담을 그리 하십니까? 이 어린아이가 쏘아 맞혔다니오!"

그러자 가만히 지켜만 보던 응칠이가 한 발자국 앞으로 나서며 말했습니다.

"총알을 빼 보면 정확히 알 수 있을 겁니다."

산등성이를 넘어온 포수가 총알을 살펴보더니 말했습니다.

"이건 내 총알이 아닙니다. 그렇다면 저 아이가 우리 어른들의 코를 납작하게 만들었군요."

포수들은 응칠이의 두 팔을 하늘로 치켜올리며 외쳤습니다.

"명포수 응칠이 만세!"

안응칠은 어린 나이에 명포수라는 별명을 얻게 되었습니다.

그런 응칠이를 할아버지와 아버지는 늘 걱정스러운 모습으로 바라보았습니다.

"응칠이가 사내답긴 하지만 성질이 너무 급한 게 흠이구나. 그래서

말인데 이름을 바꿔 보는 게 어떻겠느냐? 무거울 중, 뿌리 근을 써서 중근으로 하는 게 좋겠다."

"급한 성격이 단번에 고쳐지지는 않을 겁니다. 하지만 아버님 말씀대로 중근이라고 자꾸 부르면 불같은 성격이 가라앉고 말과 행동도 차분해질 것 같습니다."

그 후, 안응칠은 안중근으로 이름이 바뀌었습니다.

 도마 안중근

안중근이 열네 살 되던 무렵, 할아버지가 돌아가셨습니다.
'나를 가장 이해하고 믿어 주었던 분이었는데…….'
할아버지를 잃은 슬픔에 안중근은 오랫동안 앓아누웠습니다.
열여섯 살이 되자, 안중근은 김아려와 결혼을 했습니다. 한 집안의 가장이 되었는데도 안중근은 전혀 변하지 않았습니다. 여전히 친구들과 함께 산을 누비며 사냥하는 것을 즐겼습니다.

그런 안중근을 보고 아버지가 걱정스럽게 말했습니다.

"할아버지가 살아 계셨다면 네 모습에 크게 실망하셨을 게다. 사람은 배우지 않으면 현명해지지 못하는 법이다."

아버지는 안중근에게 한문과 유교, 조선의 역사를 가르쳐 주었습니다. 하지만 안중근은 기회가 있을 때마다 온갖 핑계를 대고 사냥을 떠났습니다.

어느 날, 친한 친구들이 안중근에게 진지하게 말했습니다.

"중근아, 너희 아버지는 이름난 선비이고 집안도 남부러울 것 없는데 너는 어째서 공부는 안 하고 사냥만 하는 것이냐?"

안중근이 이맛살을 찌푸리며 대답했습니다.

"옛날 초나라의 왕인 항우는 글이란 자기 이름 석 자만 쓸 줄 알면 된다고 했어. 그랬는데도 그 사람은 역사에 이름을 남겼지. 나는 학문으로 세상에 이름을 드러내고 싶지는 않아. 분명 나도 사내대장부로서 할 일이 있을 거라고 생각해. 그러니 다시는 나에게 공부하라고 하지 말게나."

그러면서 안중근은 거의 매일 말을 타고 산을 누비며 사냥을 하러 다녔습니다.

어느 날, 안중근은 노루를 발견하고 방아쇠를 당겼습니다. 그런데 총알이 총구멍에 걸려 나가지 않았습니다. 성질 급한 안중근은 총알을 빨리 빼내고 싶은 마음에 가느다란 쇠꼬챙이로 총구멍을 쑤셨습니다.

"탕!"

총알 터지는 소리와 함께 손에 쥐고 있던 쇠꼬챙이가 손바닥을 뚫고 날아갔습니다. 다행히 손바닥은 치료를 해서 나을 수 있었습니다.

"저 고집을 누가 이기겠어! 뭔가 깨달을 때까지 기다려야지, 뭐."

아버지는 안중근의 동생들에게는 공부하라고 꾸짖었지만 안중근에게는 더 이상 잔소리를 하지 않았습니다.

그 무렵, 천주교라는 새로운 종교가 백성들 사이에서 번져 갔습니다. 열아홉 살이 된 안중근은 아버지를 따라 천주교를 믿기 시작했습니다. 도마(토마스)라는 세례명도 받았습니다.

안중근은 프랑스 신부들에게 프랑스 말과 서양의 역사, 문화, 과학에 대해 배웠습니다. 또 신부들과 함께 여러 곳을 돌아다니며 전도 활동을 하면서 새로운 사실들을 깨닫게 되었습니다.

'생각했던 것보다 훨씬 더 우리 백성들의 교육 수준이 낮구나. 아버지께서 늘 교육을 강조하신 이유를 이제야 알겠어.'

그때부터 안중근은 우리나라의 현실과 미래에 대해 많은 것을 생각하기 시작했습니다.

'우리나라는 서양에 비해 너무 뒤떨어져 있어. 우리나라가 강해지려면 하루라도 빨리 서양의 새로운 지식을 배우고 익혀야 해. 그러기 위해서는 학교가 필요하다.'

안중근은 교회의 지도자인 뮤텔 주교(우리 이름 민덕효)를 찾아갔습니다.

"신부님, 우리나라에 천주교 대학을 세워 젊은이들을 가르치는 것이 어떻겠습니까? 그러면 하느님의 뜻을 전하기가 더 쉬울 것 같습니다."

뮤텔 주교가 고개를 저으며 말했습니다.

"아는 게 많아지면 오히려 믿음이 약해지기 쉬워. 그리고 이 나라는 아직 대학 교육을 할 수준이 안 된다."

안중근은 포기하지 않고 뮤텔 주교에게 여러 번 부탁했습니다. 하지만 뮤텔 주교의 대답은 처음과 똑같았습니다.

"하느님께서는 누구나 평등하다고 하셨어요. 그런데 주교님은 우리나라 사람들이 대학 교육을 받을 수 없다고 하시네요. 하느님의 말씀이 맞는 겁니까, 주교님의 말씀이 맞는 것입니까?"

안중근은 바른말을 거침없이 쏟아부었습니다. 신앙생활을 하면 나아질 것 같던 불같은 성격은 여전했습니다.

"주교님께서 도와주실 수 없다면 우리 민족이 스스로 하는 수밖에 없네요."

거리낌 없이 자신의 생각을 말하는 안중근을 보고 한 친구가 말했습니다.

"예전에 내가 안중근에게 '번개 입'이라는 별명을 붙여 줬지."

그러자 다른 친구가 맞받아 말했습니다.
"하고 싶은 말을 참지 못하고 번개처럼 쏘아붙이는 번개 입!"
안중근은 친구들의 말이 하나도 귀에 들어오지 않았습니다. 답답한 마음에 한숨만 나올 뿐이었습니다.
'휴, 나라가 힘이 없으니 청나라와 러시아, 일본이 우리나라를 차지하려고 서로 다투고 있구나. 게다가 나라를 다스리는 높은 관리들도 다른 나라의 눈치를 보며 서로 다투기만 하고 있으니. 분명히 내가 우리나라를 위해 할 수 있는 일이 있을 거야!'
그때 우리나라는 나라 이름을 조선에서 대한 제국으로 바꾸었습니다. 그리고 청나라, 일본, 러시아처럼 왕을 황제로 높여 불렀습니다.
그러는 사이 주변 나라들 중에서 가장 힘이 센 일본이 청나라와 러시아와의 전쟁에서 모두 이겼습니다.

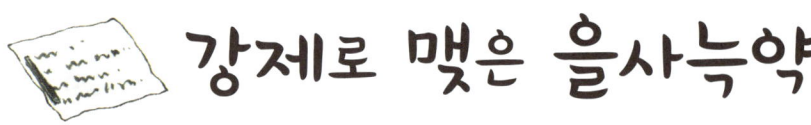 강제로 맺은 을사늑약

1905년, 안중근이 스물일곱 살이 되던 해였습니다. 우리나라 조정은 어수선하고 혼란스러웠습니다. 청나라와 러시아를 상대로 두 차례의 싸움에서 이긴 일본은 이제 드러내 놓고 우리나라를 삼키려고 날뛰었습니다.

　11월, 이토 히로부미가 군대를 이끌고 고종 황제가 살고 있는 궁궐을 포위했습니다.
　"대한 제국의 황제와 신하들은 우리와 조약을 맺어야 한다."
　이토 히로부미는 일본에 굽실거리는 우리나라의 신하들과 짜고 강제로 을사늑약을 맺게 했습니다. 그리고 통감부라는 기관을 만들고 통감부의 최고 자리에 앉아 우리나라 정치에 간섭했습니다.
　일본에 의해 강제로 을사늑약을 맺었다는 소식이 알려지자 백성들은 하늘을 우러르며 통곡했습니다. 너무 슬픈 나머지 스스로 목숨을 끊는 사람도 있었습니다.

안중근은 침통한 얼굴로 아버지와 마주 앉았습니다.

"을사늑약에는 일본이 우리나라의 외교권을 갖는다는 내용도 있다. 그것은 우리나라가 일본의 허락 없이는 아무것도 할 수 없다는 뜻이야."

아버지의 말에 안중근이 목소리를 높였습니다.

"아버지! 강제로 맺은 조약을 조약이라고 할 수 있습니까? 이렇게 가만히 앉아서 일본에 나라를 빼앗길 수는 없습니다."

안중근의 말에 아버지가 길게 한숨을 내쉬었습니다.

"그래, 하지만 지금 우리나라는 힘이 너무 약하구나."

그 말에 안중근이 고개를 끄덕였습니다. 안중근은 그동안 행동과 생각이 차분해지고 어른스러워졌습니다.

"아버지, 이 땅에서 일본과 싸워 이기기는 힘듭니다. 그러니 우리 동포들이 많이 살고 있는 청나라에 가서 어떻게 하면 우리나라를 구할 수 있을지 살펴보고 오겠습니다."

"한번 하겠다면 하고 마는 너의 고집을 누가 꺾겠느냐, 허허."

그렇게 하여 안중근은 인천에서 배를 타고 청나라의 상하이라는 도시로 갔습니다. 1905년이 저물어 가는 초겨울이었습니다.

'여기서 함께 독립운동을 할 동지를 모아야 해.'

안중근은 대한 제국의 관리를 지냈던 사람과 돈이 많은 동포 상인을 찾아갔습니다.
"우리나라를 일본에 빼앗기면 우리 2천만 동포들은 어찌 되겠습니까? 나라가 있어야 국민이 있습니다. 나라를 되찾기 위해 함께 노력합시다."

하지만 그들은 안중근을 싸늘하게 대했습니다.

그러던 중 안중근은 고향에서 알고 지내던 프랑스 사람 르각 신부(우리 이름 곽원량)를 만났습니다. 르각 신부는 안중근이 상하이에 온 까닭을 듣더니 자신의 생각을 말했습니다.

"지금 가장 중요한 것은 나라 안에서 교육을 하는 일이네. 교육을 통해 누구도 빼앗을 수 없는 민족정신을 기르는 것이 중요할 것 같네."

르각 신부의 말에 안중근은 정신이 번쩍 들었습니다.

'그래, 고향으로 돌아가 교육에 힘쓰자. 그게 바로 아버지께서 늘 강조했던 것이었지.'

고향에 돌아온 안중근은 마른하늘에 날벼락 같은 소식을 들었습니다. 안중근이 청나라에 가 있는 동안 아버지가 돌아가신 것이었습니다. 안중근은 눈앞이 캄캄해지고 가슴이 찢어지는 듯했습니다.

"아버님의 마지막을 보지 못한 이 불효자를 용서해 주십시오."

안중근은 아버지의 무덤 앞에 꿇어앉아 몇 날 며칠 통곡했습니다. 하지만 언제까지 아버지의 죽음을 슬퍼하고 있을 수만은 없었습니다. 안중근은 벌떡 일어나 두 주먹을 불끈 쥐었습니다. 그러고는 하늘을 향해 중얼거렸습니다.

"아버지! 앞으로 교육을 통해 우리나라를 되찾을 수 있는 힘을 기르도록 하겠습니다. 하늘에서 지켜봐 주십시오. 그리고 그 뜻을 이루는 날까지 술은 입에 대지도 않겠습니다."

안중근은 아버지의 무덤 앞에서 굳은 결심을 했습니다. 그리고 죽는 날까지 그 약속을 지켰습니다.

안중근은 삼흥학교를 세워 동생들과 함께 40여 명의 학생들을 가르치기 시작했습니다.

"가장 먼저 역사를 통해서 나라 사랑하는 마음을 가르쳐야 해. 또한 서양의 여러 나라를 알기 위해서는 영어를 할 줄 알아야 하지. 일본과의 싸움에 대비해서 군사 훈련도 매우 중요하다."

안중근은 학생들에게 역사와 영어를 가르치고 총을 다루는 군사 훈련을 시켰습니다.

'나 자신의 능력을 기르는 데에도 힘쓰자. 유교와 우리나라 역사뿐만 아니라 세계 역사와 세계의 움직임에도 관심을 가져야 해. 또한 하루도 빼놓지 않고 사격 연습도 하자.'

그때 일본은 우리나라 경제를 무너뜨릴 계획을 세웠습니다. 우리나라가 일본으로부터 많은 돈을 빌리게 하고 그 돈을 일본 사람들만을 위해 썼습니다. 결국 우리나라는 돈을 갚을 수 없게 되었습니다.

"우리 2천만 동포가 힘을 모으면 그깟 빚은 금세 갚을 수 있습니다. 만약 빚을 갚지 못하면 우리는 일본에게 외교권에 이어 경제권을 빼앗겨 일본의 지배에서 영원히 벗어날 수 없게 됩니다."

우리나라 국민들은 돈을 모아 나라의 빚을 대신 갚기로 했습니다.

바로 '국채 보상 운동'이었습니다. 담배를 끊고 돈을 내는 사람, 집안의 금은보석을 모아 내는 사람 등 많은 사람들이 이 운동에 참여했습니다.

안중근도 부인의 금반지와 은비녀 등을 내놓으며 나라 빚을 갚는 데 앞장섰습니다.

'학교를 운영하고 국채 보상 운동을 하느라 그 많던 재산이 거의 바닥나고 말았어. 그런데 학교를 계속 운영하기 위

해서는 돈이 많이 필요하다. 어떻게 하면 자금을 모을 수 있을까?'

궁리를 하던 안중근은 뜻을 같이하는 사람들과 함께 '삼합의'라는 석탄 회사를 차렸습니다. 하지만 일본의 방해로 사업을 제대로 할 수 없었습니다.

"일본인과 함께 운영하지 않는 광산에서는 석탄을 캐지 못하게 하는 법이라니! 내 나라에서 내 광산을 가지고 있어도 석탄을 마음대로 캘 수 없다니……."

안중근은 어려움이 닥칠 때마다 쉽게 포기하지 않았습니다. 어떻게 하면 헤쳐 나갈지 고민하고 또 고민했습니다.

'일본의 방해가 너무 심해서 우리나라 안에서는 교육도 사업도 제대로 할 수 없다. 그렇다고 포기할 수는 없고.'

 러시아에서 의병 부대를 이끌다

1907년, 고종 황제는 을사늑약이 일본에 의해 강제로 이루어졌다는 사실을 세계에 알리려고 했습니다. 하지만 일본의 방해로 실패하고 말았습니다.

이토 히로부미는 그 사건을 내세워 고종 황제를 강제로 물러나게 했습니다. 그리고 고종 황제의 아들인 순종을 황제로 세운 뒤 우리나라를 쥐고 흔들었습니다.

이토 히로부미는 우리나라의 군대를 없애고 일본 경찰이 우리나라를 지배하게 했습니다. 우리나라의 군대는 순순히 물러서지 않고 일본군과 맞붙어 싸웠습니다. 하지만 일본군을 이길 수 없었습니다. 일본군이

갖고 있는 무기는 성능이 뛰어났기 때문이었습니다.
　안중근은 피를 흘린 채 죽어 가는 우리나라 군인들을 치료해 주며 뜨거운 눈물을 흘렸습니다.

'일본의 무자비한 총칼 앞에서 교육이나 사업으로 우리나라를 되찾을 수 있을까?'

안중근은 고개를 설레설레 흔들었습니다.

'이제 남은 방법은 하나! 무기를 들고 맞서 싸우는 것이다.'

며칠 후, 안중근은 가족들이 다 모인 자리에서 어머니 앞에 무릎을 꿇었습니다.

"어머님! 드릴 말씀이 있습니다."

"그래, 어서 말해 보아라."

안중근은 입이 떨어지지 않아 우물쭈물했습니다.

"이 어미도 이미 짐작하고 있는 일이니, 주저하지 말고 말해 보아라."

어머니의 차분한 말투에 안중근은 자신의 결심을 털어놓았습니다

"어머니, 나라 밖에서 의병 부대를 만들어 일본과 싸우고 싶습니다. 허락해 주십시오."

어머니는 고개를 끄덕이며 안중근의 어깨를 두드려 주었습니다.

"오냐, 집안일은 걱정 말고 떠나도록

해라. 네가 나라의 독립을 위해 떠나는 것은 분명 아버지의 뜻일 게다. 부디 아버지와 하느님께 부끄럽지 않도록 행동해라."

안중근은 어머니에게 큰절을 올렸습니다. 아무것도 모르는 채 잠들어 있는 아이들을 한동안 물끄러미 바라보다가 부인의 손을 잡았습니다.

"우리나라를 되찾게 되면 반드시 한자리에 모이게 될 것이오. 그때까지 집안을 잘 부탁하오."

안중근은 함경도 원산으로 가는 배에 몸을 실었습니다. 독립군들이 활발하게 활동하는 러시아의 블라디보스토크로 가기 위해서였습니다.

남아 대장부 뜻을 세워 고향을 떠나니
죽어서 어찌 뼈를 선영에 묻으리오
살아서 성공하지 못하면
죽어서도 돌아오지 못하리
사람이 가는 곳이 다 청산이거늘

스물아홉 살의 안중근은 시를 읊으며 자신의 결심을 굳게 다졌습니다.

블라디보스토크에는 일본의 행패를 피해 우리나라를 떠난 사람이 4천여 명 정도 함께 모여 살고 있었습니다. 안중근은 블라디보스토크에 도착하자 우리나라의 의병 부대를 이끌었던 이범윤과 최재형을 찾아갔습니다.

"지금 일본은 우리나라를 마구 짓밟고 있습니다. 함께 의병을 일으켜 일본을 공격하는 게 어떻겠습니까?"

"자네 마음은 이해하네. 하지만 돈도 무기도 없어 의병을 훈련시키는 문제가 쉽지 않네."

"어르신들께서 결심만 하신다면 제가 비록 큰 재주는 없지만 있는 힘을 다해 돕겠습니다."

안중근은 두 사람을 끈질기게 설득해 허락을 받아 냈습니다.

안중근은 본격적으로 팔을 걷어붙이고 나섰습니다. 자신과 뜻을 같이하는 사람들과 함께 의병을 일으키기로 하고, 독립군 부대 운영을 위한 돈을 모으기 시작했습니다.

"우리가 다른 나라의 지배를 받지 않으려면 스스로 싸워 이겨야 합니다. 여러분은 앉아서 죽기를 기다리겠습니까? 아니면 다 함께 힘을 모아 싸우겠습니까?"

안중근의 말에 의병에 지원하는 사람, 무기와 돈을 내놓는 사람들이 점점 늘어났습니다. 안중근은 참모중장이라는 지위를 맡아 밤낮으로 의병들을 훈련시켰습니다.

몇 달 후, 안중근의 부대는 전투에 나가게 되었습니다.

안중근은 전투에 나가기 전에 200여 명의 의병들 앞에 섰습니다.

"첫 번에 이루지 못하면 두 번, 두 번에 이루지 못하면 세 번, 그래도 이루지 못하면 백 번이라도 충분히 준비해서 싸우면 반드시 승리할 것입니다. 그리고 올해에 우리 시대에 이루지 못하면, 아들 대, 손자 대에 가서라도 반드시 우리나라의 독립을 이루어야 합니다."

안중근의 말에 의병들은 한마음 한뜻으로 외쳤습니다.

"대한 독립 만세!"

안중근의 부대는 두만강을 건너 우리나라에 들어와 일본군을 공격했습니다. 많은 일본군을 죽이고 일본군의 진지를 점령했습니다. 첫 전투에서 승리를 하자 의병들의 사기는 하늘을 찌를 듯 높아졌습니다.

하지만 일본군의 반격도 만만치 않았습니다. 일본군은 성능이 좋은 무기를 앞세워 의병들을 공격했습니다. 의병 부대는 이리저리 흩어지고 말았습니다. 다음 날, 흩어진 병사를 모았지만 살아남은 사람은 얼마 되지 않았습니다.

"다시 한번 싸워 봅시다."

하지만 많은 동료들을 잃고 지친 의병들은 일본군이 다가오자 슬금슬금 도망치기 시작했습니다.

"무참하게 쓰러진 독립군 동지들을 그냥 두고 어떻게 돌아갈 수 있소? 나 혼자라도 싸우다 죽겠소."

안중근이 일본군을 향해 가려 하자 부하들이 말렸습니다.

"또 기회가 있겠지요. 지금 죽는 것은 아무 의미가 없습니다."

안중근은 피눈물을 흘리며 발길을 돌렸습니다.

"내 반드시 동지들의 원한을 갚고야 말리라."

안중근은 한 달 반 만에 거지꼴이 되어 러시아로 돌아왔습니다. 안중근은 동포들 앞에서 고개를 들지 못했습니다.

"한 번 실패로 좌절한다면 어찌 뜻을 이룰 수 있겠소."

동포들은 안중근을 따뜻하게 위로해 주었습니다.

 열두 명의 동지들, 거사를 모의하다

1909년 봄, 안중근은 자신과 뜻을 함께할 젊은이들을 모았습니다. 안중근까지 모두 열두 명이었습니다.

"조국의 원수 일본을 물리칠 때까지 굳게 뭉쳐 싸웁시다!"

"우리의 뜻을 오래 기억하기 위해 단지 동맹을 맺읍시다."

단지 동맹이란 손가락을 잘라 함께 맹세한다는 뜻이었습니다. 그만큼 굳은 의지를 나타내는 것이었습니다.

안중근은 태극기를 펼쳐 놓고, 칼로 왼손 약손가락의 첫 마디를 끊었습니다. 살을 에는 아픔이 온몸으로 퍼졌습니다.

'이깟 아픔은 나라를 잃은 아픔에 비하면 아무것도 아니다.'

안중근은 피가 철철 흐르는 손가락으로 태극기의 흰 바탕에 한자로 '대한 독립'이라고 썼습니다. 그리고 그 아래에 자기 이름을 썼습니다.

다른 젊은이들도 차례대로 손가락을 끊고 각자의 이름

을 썼습니다.

안중근은 피로 물든 태극기를 두 손으로 높이 펼쳐 들었습니다.

"대한 독립 만세!"

안중근은 목청껏 외쳤습니다.

"대한 독립 만세!"

젊은이들이 뒤따라 크게 외쳤습니다.

"동지 여러분! 우리가 한곳에 모여 있으면 왜놈들의 눈에 띄기 쉽습니다. 그러니 이제 헤어져, 각자 투쟁 활동을 벌입시다."

열두 명의 젊은이들은 손가락을 잘라 피로써 맹세했다는 의미에서 단지회라고 이름을 붙였습니다.

하지만 러시아에서 의병 부대를 만들기가 점점 어려워졌습니다.

일본의 압력을 받은 러시아도 자기 땅에서 우리나라 의병들이 활동하는 것을 달갑게 여기지 않았습니다.

'이젠 의병을 모아 일본군과 싸우는 것이 쉽지 않겠어. 어떤 방

법으로 투쟁을 해야 할까?'

안중근은 깊은 고민에 빠졌습니다.

그 무렵, 이토 히로부미는 대한 제국을 강제로 빼앗으려는 음모를 꾸미고 있었습니다.

그 사실을 알고 있던 안중근은 피가 거꾸로 솟는 듯했습니다.

'우리나라를 삼키려는 이토 놈, 용서하지 않을 테다.'

며칠 후, 안중근은 놀라운 소식을 들었습니다. 이토 히로부미가 10월 말에 러시아 재무 장관을 만나기 위해 하얼빈에 온다는 것이었습니다.

"드디어 기회가 왔구나!"

안중근의 가슴에서 뜨거운 피가 끓어올랐습니다.

'이토를 저승에 보낼 수만 있다면 세계에 우리나라의 처지를 알릴 수 있어. 이것이야말로 하늘이 내린 기회라고 할 수 있지.'

안중근은 함께 일을 할 우덕순을 만났습니다. 두 사람은 1년 전부터 서로 알고 지내던 사이였습니다.

"우 동지! 이토 한 사람을 제거하는 데 성공한다면 일본군 수백 명, 아니 수천 명을 무찌르는 것과 같습니다."

우덕순이 고개를 끄덕이며 말했습니다.

"어떻게든 반드시 성공해야 합니다."

"하지만 이 일은 결코 쉬운 일이 아닙니다. 물샐틈없는 계획과 작전이 필요합니다."

안중근과 우덕순은 머리를 맞대고 치밀한 작전 계획을 세웠습니다. 동포들은 두 사람을

위해 아낌없는 지원을 해 주었습니다. 하얼빈까지 갈 여비를 비롯해서 필요한 모든 비용을 마련해 주었습니다.

안중근은 러시아식 양복을 입고 그 위에 반코트를 걸쳤습니다.

머리에는 납작 모자를 쓰는 등 러시아 사람이나 일본 사람으로 보이도록 신경을 썼습니다.

10월 21일 아침, 안중근과 우덕순은 하얼빈으로 가는 기차에 올랐습니다.

이튿날 저녁 여덟 시 무렵, 두 사람은 하얼빈에 도착했습니다. 하얼빈 역은 깨끗하게 정돈되어 있었고 러시아 군인들이 곳곳에 깔려 있었습니다.

"이토가 도착하는 10월 26일까지는 아직도 나흘이나 남았군."

안중근과 우덕순은 머리를 깨끗하게 손질했습니다. 그리고 마지막 모습이 될지도 모르는 사진을 찍었습니다.

"이토가 하얼빈에 오기 전에 차이자거우 역에 잠시 머문다고 하오."

우덕순의 말에 안중근이 잠시 생각에 잠겼습니다.

"그렇다면 성공 확률을 높이기 위해서 두 곳에서 준비하는 것이 어떻겠소? 우 동지가 차이자거우 역에서 뜻을 이루지 못하면 내가 하얼빈에서 뜻을 이루겠소."

안중근의 말에 우덕순이 고개를 끄덕였습니다.

이토 히로부미가 도착하기 전날, 안중근은 권총에 일곱 발의 총알을 넣으며 기도를 올렸습니다.

'동포들의 소망을 이룰 수 있도록 도와주소서.'

💥 하얼빈의 총소리

1909년 10월 26일 새벽, 안중근은 양복 안주머니에 권총을 넣었습니다. 그리고 모자를 깊이 눌러쓴 채 하얼빈 역으로 향했습니다. 매우 추운 날씨였지만 추운 줄도 몰랐습니다.

하얼빈 역 입구에는 총을 든 러시아 군인들이 신분증 검사를 하고 있었습니다. 안중근이 일본 신문 기자라고 하니 군인들은 아무 말 없이 역으로 들여보내 주었습니다.

기차가 들어올 시간이 되자 환영식장은 사람들로 가득했습니다. 안중근은 사람들에게 떠밀려 자연스럽게 러시아 군인들 바로 뒷줄에 섰습니다.

'아직까지 조용한 걸 보니 우 동지가 뜻을 이루지 못한 게 틀림없군.'

우덕순은 새벽에 차이자거우 역으로 나가

려고 여관 방문을 열었습니다. 그러나 문이 열리지 않았습니다. 우덕순은 특별 열차가 지나갈 때까지 방에서 꼼짝하지 못했습니다. 러시아 헌병대의 명으로 역 근처에 있는 사람들은 밖으로 한 발자국도 나올 수 없었던 것이었습니다.

오전 아홉 시 무렵, 특별 열차가 하얼빈 역에 도착했습니다. 열차가 멈추자, 역에서 기다리고 있던 러시아 재무 장관 코코브세프가 열차 안으로 들어갔습니다. 코코브세프는 열차 안에서 이토와 약 20분에 걸쳐 회견을 한 다음, 이토와 함께 기차에서 내려왔습니다.

군악대 소리가 크게 울려 퍼지기 시작했습니다. 일본인들은 일장기를 높이 들고 함성을 지르기 시작했습니다.

누런 얼굴에 흰 수염이 난 조그만 일본인과 키가 큰 러시아인이 여러 사람에 둘러싸여 나왔습니다. 이토 히로부미와 러시아 재무 장관인 코코브세프였습니다.

'저 놈이 우리나라를 강제로 빼앗고 우리 민족을 잔인하게 죽였단 말인가? 저 놈이 동양의 평화를 깨뜨렸단 말이지?'

안중근은 이토 히로부미를 뚫어지게 노려보았습니다.

이토 히로부미는 마중 나온 사람들과 인사를 나누었습니다. 그리고 러시아 군인들의 경례를 받으며 안중근 앞쪽으로 다가왔습니다. 안중근은 호주머니에 손을 넣어 권총을 쥐었습니다.

'조금만 더 가까이, 조금만 더 가까이.'

이토 히로부미가 열 걸음 정도 앞에 이르렀을 때였습니다. 안중근은 순식간에 총을 뽑아 이토 히로부미를 겨누었습니다.

"탕! 탕! 탕!"

세 발의 총소리가 울려 퍼졌습니다. 세 발 모두 이토 히로부미의 가슴에 정확하게 꽂혔습니다.

이토 히로부미는 가슴을 움켜쥐며 그 자리에 거꾸러졌습니다.

'만약 저 놈이 이토가 아니면 어떡하지? 내가 만약 다른 사람을 쏘았다면 이 일은 실패로 끝나게 된다. 그럴 수는 없지!'

안중근은 재빠른 동작으로 이토 히로부미 주변에 있던 일본인들을 겨누었습니다.

"탕! 탕! 탕!"

안중근이 쏜 총알은 이토 주변에 있던 세 명의 일본인을 쓰러뜨렸습니다.

하얼빈 역은 총소리에 놀란 사람들이 소리를 지르며 빠져나가느라 혼란스러웠습니다.

안중근은 권총을 공중으로 내던지고 품 안에서 태극기를 꺼내 드높이 흔들었습니다. 그리고 목이 터져라 외쳤습니다.

"코레아 우라! 코레아 우라! 코레아 우라!"

안중근은 하늘을 향해 크게 세 번 외쳤습니다. 러시아어로 '대한 제국 만세'라는 뜻이었습니다. 안중근은 그 자리에서 러시아 헌병들에게 체포되었습니다.

 날치기 재판

이토 히로부미가 죽었다는 소식은 전 세계에 빠르게 퍼졌습니다. 이토 히로부미는 일본 최고의 정치가였기 때문이었습니다.

우리나라 사람들은 모두 뛸 듯이 기뻐했습니다. 청나라 사람들도 박수를 보냈습니다.

안중근은 잡히자마자 러시아 검사의 조사를 받았습니다.

"이토 각하를 죽이고 나서 도망칠 기회가 있었는데 왜 도망가지 않았나?"

"난 재판을 받을 것이오. 재판 과정에서 이토와 일본의 죄를 세계에 알리고 우리나라의 자주 독립을 주장할 것이오."

안중근이 당당하게 말하자 러시아 검사는 당황했습니다.

'러시아에서 재판을 하게 되면 러시아에 이로울 게 없어. 이토 히로부미를 보호할 책임이 러시아에 있었으니까 말이야.'

러시아는 재빨리 안중근을 일본 영사관에 넘겼습니다.
안중근은 이곳에 갇혀 있으면서 일본 검사의 신문을 받았습니다.

"왜 이토 공작을 해쳤는가?"

"이토는 대한 제국 황제를 물러나게 하였으며 을사늑약을 강제로 체결하였고, 죄 없는 우리 백성들을 죽였으며, 군대를 해산시키고……."

안중근은 차분하게 조목조목 이유를 말했습니다. 모두 열다섯 가지에 걸쳐 이토의 죄목을 낱낱이 밝혔습니다.

다 듣고 난 검사가 말했습니다.

"당신이 법정에서 오해 때문에 이토 공작을 죽였다고만 하면 사형은 받지 않을 것이오. 너무 걱정 마시오!"

그러나 안중근은 담담하게 말했습니다.

"나는 죽고 사는 것에 관심이 없소. 이미 죽기를 각오했으니 날 유혹해 봐야 아무 소용없소."

며칠 후, 안중근은 쇠사슬에 묶인 채 뤼순 감옥에 갇혔습니다. 차가운 벽돌 건물 안에서는 어두운 기운이 뿜어져 나왔습니다.

일본은 안중근에 대한 재판을 재빨리 준비했습니다. 안중근은 한국인 변호사를 원했지만 일본은 일본인을 변호사로 정했습니다.

1910년 2월 7일, 안중근에 대한 재판이 시작되었습니다. 법원 안의 재판장, 검사, 서기, 통역, 변호사 모두 일본인이었습니다. 심지어 안중근을 보기 위해 몰려든 200여 명의 사람들도 거의 일본인이었습니다.

안중근은 재판을 받으면서도 당당하게 자신의 뜻을 말했습니다.

"내가 이토를 죽인 것은 한국 독립 전쟁의 한 부분이며 또 내가 일본 법정에 서게 된 것도 전쟁 포로가 되었기 때문이다. 나는 개인

자격으로 이 일을 한 것이 아니고, 대한 제국군 참모총장의 자격으로 조국의 독립과 동양의 평화를 위해 한 것이다. 나를 처벌하려거든 국제법에 따라 처벌하라. 나는 범죄자가 아니다."

하지만 안중근의 말은 받아들여지지 않았습니다. 게다가 재판이 시작된 뒤 일주일 만에 법원의 판결이 내려졌습니다.

"안중근에게 사형을 선고한다."

안중근은 사형 선고를 받고도 얼굴색 하나 변하지 않고 미소를 머금었습니다.

"나는 아직도 법정에서 할 말이 많다. 그러므로 항소를 할 것이다."

안중근은 사형 선고를 받은 후에도 전과 다름없이 행동했습니다. 먹는 것도 잠자는 것도 예전과 똑같았습니다.

며칠 후, 동생들이 안중근을 찾아왔습니다.

"어머니께서는 형님께서 큰일을 했다고 말씀하셨어요. 하지만 목숨을 아끼겠다고 항소하지 말라고 하셨지요. 죄를 인정하는 것이 아니라 어차피 일본이 형님을 살려 주지 않을 테니 당당하게 죽음을 택하라고……."

안중근은 어머니 말씀을 듣고 깜짝 놀랐습니다.

"그리고 형님이 어머니보다 먼저 죽는 게 불효라고 생각하지 말라고 하셨어요. 평화가 가득한 하늘나라에서 다시 만나자는 말씀도 하셨습니다."

동생들의 눈에서는 한없이 눈물이 흘러내렸습니다.
'어머니, 어머니의 뜻에 따라 구차하게 목숨을 구걸하지 않겠습니다.'
안중근의 눈에서도 뜨거운 눈물이 흘러내렸습니다.

영웅의 죽음

사형일이 점점 다가왔습니다. 하지만 안중근은 차분하게 글을 쓰기 시작했습니다. 자신의 일생을 밝히는 〈안응칠 역사〉와 동양 평화에 대한 생각이 담긴 〈동양평화론〉이었습니다. 안중근은 동생들에게 붓글씨 도구를 건네받아 틈틈이 붓글씨도 썼습니다.

"곧 사형을 당하게 될 텐데 어찌 저렇게 편안하게 붓글씨를 쓸 수 있을까?"

"대부분 사형 선고를 받으면 흥분해서 소리를 지르거나 우는데 아무렇지도 않으니……. 참 대단한 사람이야. 영웅이 따로 없다니까."

뤼순 감옥의 관리들은 안중근의 모습을 보고 놀라워했습니다. 안중근의 글씨는 힘이 넘치고 기품이 있었습니다.

"당신이 쓴 글을 가지고 싶소. 원하는 대로 비단과 종이를 넣어 줄 테니 글을 써 주시오."

"나는 서예가가 아니오. 그런 내가 글을 써서 어떻게 남에게 준다는 말이오? 분명 웃음거리가 될 것이오."

"당신이 죽더라도 글은 영원히 남을 것이오. 그리고 당신의 글을 본 사람들은 당신이 무슨 생각을 하고 무슨 일을 했는지 두고두고 되새기게 될 겁니다."

안중근은 관리들의 말에도 일리가 있다고 생각하며 글을 써 주기 시작했습니다. 글을 쓰고 나서는 약손가락이 잘린 왼손의 손바닥 도장을 찍었습니다.

사형 전날, 안중근의 두 동생이 찾아와 한복을 건네주었습니다.

"오늘이 서로 마지막으로 보는 날이니 손을 잡아도 좋다."

감옥의 관리가 인심을 쓰듯 말했습니다.

안중근은 두 동생과 손을 마주 잡았습니다. 그러고는 여섯 통의 편지를 동생들에게 건네주었습니다.

"어머니께 아들 된 도리를 다하지 못해 참으로 송구스럽구나."

어머니 생각을 하자 안중근은 목이 메었습니다. 동생들의 눈에서는 하염없이 눈물이 흘러내렸습니다.

"내가 죽으면 나의 뼈를 하얼빈에 묻어 두었다가 우리나라가 독립을 하거든 조국으로 옮겨 다오. 나는 죽어서도 우리나라의 독립을 위해 힘쓸 것이다. 너희들은 돌아가서 마음을 같이하고 힘을 합하여

뜻을 이루도록 노력해라. 대한 독립의 소리가 천국에 들려오면 나는 그곳에서 춤추며 만세를 부를 것이다."

안중근은 마지막 유언을 전하고 동생들과 함께 기도를 했습니다. 동생들을 만나고 돌아온 안중근은 평소와 다름없이 감옥 안에서 붓을 들었습니다.

1910년 3월 26일, 안중근은 일어나자마자 하얀 한복으로 갈아입었습니다. 오전 아홉 시가 되자, 안중근은 사형장으로 향했습니다. 비가 세차게 내리고 바람도 강하게 불었습니다.

안중근이 교수대에 올라서자 형무소장이 말했습니다.

"마지막으로 남기고 싶은 말이 있으면 말하라."

"동양 평화를 위해 만세를 부를 수 있게 해 달라."

"만세를 부르는 것은 허락할 수 없다."

안중근은 눈을 지그시 감고 기도를 올렸습니다. 기도가 끝나자 뒤이어 사형이 이루어졌습니다.

안중근의 두 동생은 감옥 밖에서 안중근의 주검을 기다리고 있었습니다. 하지만 오후가 되어도 아무 연락이 없었습니다.

두 동생은 형무소장을 찾아갔습니다.

"사형이 끝났으면 형님의 주검을 가족들이 가져갈 수 있도록 해 주시오."

"이미 형장에서 멀리 떨어진 공동묘지에 묻어 버렸소."

형무소장의 말에 두 동생은 얼굴이 백짓장처럼 하얗게 변했습니다.

"아니, 어떻게 그럴 수가 있단 말이오? 그럼 우리 형님이 묻힌 곳이 어디인지라도 알려 주시오."

"그것도 알려 줄 수 없소."

형무소장의 말에 두 동생은 몸을 바르르 떨며 통곡을 했습니다. 일본은 일부러 안중근의 주검을 가족에게 전해 주지 않았습니다. 안중근의 무덤이 만들어지면 많은 사람들이 찾아가 일본에 보복하려는 마음을 가질 것이 두려웠기 때문이었습니다.

결국 안중근의 주검은 뤼순 땅 어딘가에 묻혀 100여 년이 지난 지금도 조국으로 돌아오지 못하고 있습니다.

초등 저학년을 위한 첫 역사책!

안녕? 역사야 (전9권)

〈안녕? 역사야〉 시리즈는

도깨비들이 과거로 날아가 역사의 궁금증을 풀어 주는 재미난 형식의 책입니다.
초등학교 한국사 교과서 내용을 아주 쉽게 알려주는 〈안녕? 한국사〉와
세계를 바라보는 넓은 시야를 갖게 해 주는 〈안녕? 중국사〉 세트로 구성되어 있습니다.
저학년의 눈높이에 맞춘 내용과 그림, 그리고 전문가의 꼼꼼한 감수까지 거친
〈안녕? 역사야〉 시리즈는 진정한 의미의 저학년 첫 역사책입니다.

안녕? 한국사 (전6권)

1권 **선사 시대** 우리 조상이 곰이라고?
2권 **삼국 시대** 최후의 승자는 누구일까?
3권 **고려 시대** 우리나라는 왜 코리아일까?
4권 **조선 시대①** 조선에 에디슨이 살았다고?
5권 **조선 시대②** 조선은 왜 망했을까?
6권 **근현대** 우리는 왜 남북으로 갈라졌을까?

글그림 백명식 | 감수 김동운(전 국사편찬위원회 교육연구관)
각 권 90쪽 내외

안녕? 중국사 (전3권)

1권 **고대** 중국 역사의 시작
2권 **중세** 통일된 중국, 세계에 우뚝 서다
3권 **근현대** 중국에 부는 변화의 바람

글 이한우리, 송민성 | 그림 이용규 | 감수 이근명(한국 외대 사학과 교수)
각 권 80쪽 내외